乾隆朝

奏報遵旨起解存公銀兩事

兩淮巡鹽御史奴才三保謹

奏爲遵

旨起解存公銀兩事竊奴才於本年三月初二日准

奏事

御前三等侍衛安寧抄奉

上諭據兩淮巡鹽御史三保摺奏內稱金山寺高旻

寺二處俱有

皇祖御書現在有存公銀十餘萬兩請即動此項銀兩

修理等語朕念有

皇祖御書理應修理業已允其所請但此二處俱有

（朱批：未喜細思）（朱批：細思）

皇祖時行宮今若興工修理則彼處之人必訛傳謂朕

有南巡之意爾可寄字與三保其所請修理金山

（朱批：而三保此奏未免試探之意昨日朕批……）

寺高旻寺二處工程暫且不必辦理其所存銀兩

（朱批：斷……可寢行以深杜物議）

著解交海望十萬兩其餘銀兩交蘇州織造海保

令伊等請旨欽此欽遵仰見我

皇上聖明洞鑒睿慮周詳無微不到奴才查兩淮運

庫內存貯歷年商捐各場火伏月費及裁減鹽

務道書吏工食并巡緝私鹽兵役飯食裁減鹽

清宮揚州御檔精編 乾隆朝

義倉人役工食以及淮南匯費等項共銀十萬九千一百八十五兩八錢五分五毫七絲三忽俱係存貯運庫不入奏銷從未報部之項奴才遵

旨辦理當即提解到署除將九千一百八十五兩八錢五分五毫七絲三忽解交蘇州織造海保請

旨外其十萬兩奴才由水路解進於本年三月初九日起程解交戶部尚書海望收受請

旨緣係奉

旨辦理事件理合將起解銀兩緣由具摺奏

聞伏乞

皇上睿鑒謹

奏

乾隆三年三月 十八 日兩淮巡鹽御史奴才三保

朕安寧不必記念多保方指誤者己為改正矣

奏爲揚州鈔關及瓜州由閘稅務緊要請改歸鹽臣管理事

江蘇巡撫臣張渠謹

奏爲揚關稅務緊要恭懇

聖恩俯准改歸鹽臣管理以重錢糧事竊照經理榷務必得就近賢能大員并公務簡少者始可查察周密裕稅課而便商民揚州鈔關及瓜州由閘稅務自歸併巡撫以來例於道府内遴員代管本年五月内管關之揚州府知府高士鑰一年報滿臣因一時不得更換之人當查高士鑰從前經管關務

正稅盈餘尚無缺額居官操守亦爲勤慎奉公業經

題請再行管理一年准有部覆遵照在案惟查揚州府爲下江劇郡公務殷繁且值上年被旱本年甘泉高郵寶應三邑沿河低鄉田地又間被水淹一切調劑事宜查災辦賑均須知府往來督察高士鑰人雖誠實但本任之事已屬拮据不遑今又帶管榷關未免顧此失彼而現任各道員内又皆相

隔窵遠者多難於改委臣伏思鹽政衙門近在同
城之内公務不繁綜核稽查尚爲便易且鹽臣三
保於上年带管淮關印務辦事綽有餘裕商民亦
爲相安可否仰邀
聖恩將揚州鈔關及瓜州由閘稅務查照織造管關之
例就近交與鹽臣三保带管倘蒙
俞允不獨榷稅獲收實益而揚郡地方事宜亦不致歧
悞矣臣謹繕摺

奏請是否可行伏乞
聖明睿鑒訓示仍祈
特降諭旨遵行爲此謹
奏

知道了有旨諭部照所請行

乾隆四年九月初三日

奏爲古溝湖水决壩高郵等地被水委員勘查撫恤事

兩江總督鎮國將軍宗室臣德沛謹
奏爲奏
聞事竊照兩江地方遍年以來水患頻仍臣因初蒞
任所不能深悉致水之由是以密行分遣熟悉
水利之員各處訪察以期探本尋源為將來辦
理矩矱乃於七月十八日據察探水利候選州
同程萬安口稟十三日古溝地方湖水衝開大
壩二三十丈高郵城西門已經閉塞南關淹漫

其邵伯一鎮街市水淹民舍坍塌水與屋簷相
齊居民搬逃邵伯迤下六閘之上水漫過堤下
河一片汪洋興化鹽城俱被水患揚州東關水
到城門便益一門水已進城鈔關以外街市淹
漫水深二尺現今河水日漸增長各處甚屬危
險等語臣先因今年雨水過多黃淮交漲已委
江驛道黃祐於蹈勘泗州五河之便各處察勘
情形茲臣復面委江安糧道翁藻令其即日星
馳赴淮揚一帶地方督率有司設法宣洩其被

水灾民加意撫恤務俾灾黎不致流離臣仍差弁役不時飛馬察探倘洪水有長無消臣當星夜前往親身辦理總期安頓黎庶綏靜地方庶稍慰
皇上南顧之憂也擬合將現在情形并辦理緣由先行具
奏伏祈
皇上睿鑒謹
奏
乾隆柒年柒月拾捌日

所奏俱是高斌實能俾和素安辦河工之事是其所長也至江南通省水利已有旨令高斌前往查辦矣

奏爲揚州地方被水窮民奸良莫辨已加强巡防事

兩江總督鎮國將軍宗室臣德沛謹
奏為奏明事竊照揚州地方猝被水患廬舍蕩然
現在自揚州至寶應堤埂高阜處所災民斷續
搭蓬居住將來興化泰州之無處容身者勢必
亦遷移來此惟是人烟衆多雜踏居處且俱係
待賑窮民奸良莫辨則一切盜竊爭毆等事在
所不免是以臣派令臣標遊擊塞爾特帶兵一
百五十名在揚州城廂江寧城守營守備向宏
勳帶兵一百名在高郵地方奇兵營遊擊張鵬
翺帶兵六十名在寶應地方并千把外委各駕

巡船梭織遊巡並令揚州營遊擊金璋往來照
料以期盜賊潛踪奸匪遁跡所有臣派撥遊巡
事宜理合
奏明伏祈
皇上睿鑒謹
奏

好應如是辦理者然只宜行之以暫而不可久

乾隆柒年捌月初拾日

奏爲聖駕南巡兩淮商人程可正等公捐百萬銀兩事

署理兩淮鹽政奴才吉慶謹

奏爲

聖駕南巡輿情欣躍願効涓埃用申蟻悃事據兩淮

商人程可正等呈稱竊商等飲和食德總荷

皇仁浹髓淪肌均霑

帝澤惟是身居草莽未窺鳳闕於

九重日睹光華希覲

龍顔於咫尺茲際

翠華巡幸肇舉省方問俗之儀

鑾輅寵臨快愜就日瞻雲之願行見官方戎政仰

綸言之炳焕而益著章程從此河務海防經

睿慮之周詳而永徵清晏凡諸奉先由舊悉秉

聖祖仁皇帝南幸之顯謨抑亦覽勝承歡正當恭祝

皇太后萬年之景福是

大君一遊一豫莫不垂錫類之鴻庥而商等獻曝獻

芹能無伸感激之蟻悃今淮南北綱食大小衆

商情願公捐銀一百萬兩少資供億之用我

皇上懷保情殷惟以戒奢崇儉然商等結銜念切實

深頂踵捐糜等情據此奴才查江省幸蒙

恩允南巡萬姓歡騰淮商倍切所需費用久願公捐

其踴躍難形情狀奴才前已畧陳
聖鑒今復據連名具呈前來奴才目覩各商歡聲雷
動情詞懇切實由
聖德高深是以商情感奮奴才不敢壅於
上聞理合據情摺奏伏候
聖主睿鑒謹
奏

知道了

乾隆拾肆年拾壹月初貳日

奏報揚州運河挑浚分數事

臣海明臣白鍾山謹
奏爲奏
聞事竊查古城溜應挑運河業已開工築壩興挑并
臣等先往會勘將應挑寬深丈尺較對核明上
緊儹辦復往揚州一帶督辦緣由恭摺奏
聖鑒在案今臣等至揚上下履勘查灣頭迤下四段
水俱車乾已挑工程約計有二三分不等其東
關迤下四段因河底泉眼頗多河水間有尚未
車乾者臣等飭令各工員一面多添水車晝夜

赶緊車戽一面將已得乾土可挑者添夫併力
搶赶挑空以免泉眼滲水仰賴
皇上洪福天氣晴和工員人夫俱各踴躍爭先可期
依限完竣除委候補同知吳嗣爵等住工監催
外臣海明即往徒陽常州一帶查勘臣白鍾山
前往古城砂礓溜查催仍不時上下往來嚴催
督察總期工程迅速河道深通不使少有弊混
遲延以仰副
聖主慎重運道之至意所有揚州運河現在挑浚情
形理合恭摺奏
聞伏乞
皇上聖鑒謹
奏
好知道了
乾隆貳拾叁年拾貳月　貳　日

奏爲驗收揚州護城河等工并立法禁止商民傾潑堆積淤墊河道事

兩淮鹽政奴才高恒謹

奏爲

奏明事竊照揚州護城河暨城内市河久不挑濬遂至淤塞前據衆商願捐挑通以便商民奴才率同鹽運使盧見曾揚州府知府兆麟詳勘確估共需挑河及脩建橋梁銀一萬七千六百餘兩當經恭摺

奏明隨委江都甘泉二縣辦理依限告竣奴才仍率同司府親詣驗收均係照估深通但查揚城内外烟户稠密商賈輻輳若仍任其傾潑堆積不免又即淤墊

因飭地方官將如何立法防護之處酌議通詳督撫鹽政批飭申禁以垂永久茲據運使盧見曾轉據知府兆麟議列禁止傾潑堆積條目并請令二縣各設小船二隻往來遊巡遇有坡土衝卸入河即行罱撈其兩岸零星灰土亦即搬入船内運至城外空地若大堆瓦礫廢織之物俱令商民自送出城如敢傾入河内即令小船水手稟究重懲仍押令挑撈運出每年二八月委二縣典史逐段探量略有淤淺處所即行罱撈小船水手怠忽徇隱亦即重責革換至該二

縣身任地方似此便民河道稽察疏濬是其分内倘
有玩視均應參處使官民咸知警凜庶城市河道常
通民間米薪貨物出入便利等情奴才隨查核批令
諭示遵照外理合恭摺
奏明伏乞
皇上聖鑒謹
奏

知道了

乾隆二十四年十月十三日

奏報估辦商捐修築石駁岸橋梁事

兩淮鹽政奴才高恒謹
奏爲奏
聞事竊照揚州城外自天寧門至西北城角一帶護
城河兩岸向有板石駁岸年久損壞往往坍入
河内應加修整以免淤墊河身茲據各商情願
照上年挑濬城河之例一體捐辦奴才率同運
使盧見曾知府楊重英詳細勘估計長六百九
十餘丈原有石工之處照舊添補修築其向係

板工之處亦改做石工但河窄水平不必槩用
青石祇以碎黄石成砌上加青石一層裡砌河
磚一路其南岸因係附近城根於裡磚之後又
築三合土戧寬四尺到底以資鞏固至各門弔
橋以及城内橋梁亦多損壞應乘此一律修整
共約估銀三萬二千餘兩先於運庫生息項下
撥借整用各商分綱帶完歸款即遴派總商等
自行承辦專委楊重英監督查催奴才仍隨時
察看以期工皆堅實所有奴才估辦商捐修築
礮岸橋梁緣由謹具摺奏
聞伏乞
皇上聖鑒謹
奏

好知道了

乾隆二十五年四月十二日

二月十四日未正三刻

海棠庵大營馬頭船上進晚膳用摺疊膳桌擺　肥鷄火燻白菜一品　燕窩火燻糟鴨子一品　羊渣古一品　後送燕笋爆炒鷄一品　蒸肥鷄五香豬肉攢盤一品　棗尔糕老米麵糕一品　象眼棋餅小饅首一品　蓮花餑一品

銀葵花盒小菜一品　銀碟小菜四品

隨送粳米膳一品　紅白鴨子雜膾湯一品

額食五桌　奶子四品　二號黃碗菜四品　餑餑十二品　二十品一桌　餑餑三品

內管領爐食六品九品一桌　盤肉八品一桌　羊肉四方二桌

上進畢

賞

皇后　白菜一品　令貴妃　燕窩鴨子一品

慶妃　攢盤肉一品　容嬪　米麵一品

晚晌伺候

晾羊肉絲一品　燕窩五香鷄一品　糟炸板筋一品　醃菜炒燕窩一品

上進畢

賞

皇后　晾羊肉絲一品　令貴妃　膾五香鷄一品

慶妃　糟炸板筋一品　容嬪　醃菜炒燕窩一品

二月十五日卯初一刻請

駕　伺候冰糖燉燕窩一品　卯正一刻

遊水路船上進早膳用摺疊膳桌擺　炒鷄家常雜膾熱鍋
一品燕窩鴨絲一品羊肉片一品清蒸鴨子糊豬肉攢盤
一品匙子餑餑紅糕一品竹節捲小饅首一品
上傳春筍炒肉一品
蘇州織造普福進糯米鴨子一品萬年青燉肉一品燕窩鷄
絲一品春筍糟鷄一品鴨子火燻餡煎粘團一品（係普福家廚役做）
銀葵花盒小菜一品銀碟小菜四品
隨送粳米膳一品菠菜鷄絲豆腐湯二品（係普福家廚役做）
額食二桌餑餑六品內管領爐食四品　盤肉二品　十二品
一桌盤肉二品　羊肉二方四品一桌

上進畢　賞用
　總管馬國用奉
旨賞織造普福家廚役張成宗元　張東官　每人一兩重銀錁二個
二月十五日未正
崇家灣大營馬頭進晚膳用摺疊膳桌擺　肥鷄徽州豆腐
一品燕筍糟肉一品（此二品係張成宗元做）　肥鷄攢絲湯一品後送
火燻攤鷄蛋一品蒸肥鷄油串野鷄攢盤一品　果子糕
一品（係張東官做）　豬肉餡饅包子一品　象眼棋餅小饅首一品
總督尹繼善進肉絲饢鴨子一品燕筍火燻白菜一品醃菜花
炒麵觔一品火腿一品（此二品五寸盤）小菜二品　銀葵花盒小菜

一品銀碟小菜二品
隨送粳米膳一品　鷄肉攢絲湯一品
額食五桌　奶子四品　餑餑十二品　十六品一桌　餑餑四品
二號黄碗菜四品　内管領爐食六品　十四品一桌　盤肉八品
一桌　羊肉四方二桌
上進畢
賞
皇后徽州豆腐一品　令貴妃果子糕一品
慶妃鑲鴨子一品　容嬪攢盤肉一品
晚晌伺候

酸辣羊肚一品　醃菜炒燕笋一品　燕窩炒鴨絲一品（此二品係宋元做）
總督尹繼善進糖醋蘿蔔乾一品　火腿一品
上進畢
賞
皇后羊肚一品　令貴妃炒燕笋一品
慶妃炒鴨絲一品　容嬪蘿蔔乾一品
二月十六日卯初一刻請
駕伺候冰糖燉燕窩一品　卯正一刻
遊水路船上進早膳，用摺叠膳桌擺　燕窩火燻攛鴨子熱鍋
一品肥鷄鷄冠肉一品（係宋元做）　羊肉絲一品　蒸肥鷄五香猪肉

攢盤一品　蜂糕一品　孫泥額芬白糕一品　竹節餋小饅首一品（係昨日收的）
一品銀葵花盒小菜一品　銀碟小菜四品　火腿一品（係昨日收的）
隨送爛鴨麵一品（係宋元做）　老米水膳一品
額食二桌　餑餑六品　內管領爐食四品　盤肉二品　十二品
一桌　盤肉二品　羊肉二方　四品一桌
上進畢
賞
皇后　鴨子熱鍋一品　令貴妃　鷄冠肉一品
慶妃　攢盤肉一品　容嬪　羊肉絲一品
二月十六日未正

天寧寺行宮進晚膳用摺疊膳桌擺　肉片火燻燒白菜一品
燕窩春筍膾五香鷄一品（係張成做）　後送燕窩爆炒鷄一品
掛爐鴨子掛爐肉攢盤一品　象眼棋餅小饅首一品　鷄
肉餡包子一品（係張東官做）
高恒進燕窩肥鷄一品　燕窩火燻煨豆腐一品　蓮子煨鴨
一品　春筍燒鷄一品　猪肉餡包子一品　鷄蛋奶子摺尖一品
銀葵花盒小菜一品　銀碟小菜四品　火腿一品
隨送粳米膳一品　鷄絲攢湯一品（係張成做）
額食四桌　奶子五品　餑餑十三品　二號黃碗菜四品
二十二品一桌　餑餑三品　內管領爐食六品　九品一桌

盤肉八品一桌　羊肉二方一桌

上進畢

賞

皇后　白菜一品　令貴妃　燕膾一品

慶妃　鴨子一品　容嬪　攢火一品

晚晌伺候

蘇鷄蛋糕一品燕筍拌鷄一品醋溜肉糕一品係宋元做

爆肚子一品

上進畢

賞

皇后　鷄蛋糕一品　令貴妃　拌鷄一品

慶妃　肉糕一品　容嬪　爆肚子一品

二月十六日總管王常貴傳

旨明日早膳九峰園伺候　欽此

二月十七日寅正三刻請

駕伺候冰糖燉燕窩一品　辰初

九峰園進早膳用摺疊膳桌擺　鴨子火燻攛豆腐熱鍋

一品燕窩火燻肥鷄絲一品此二品係宋元做羊烏叉燒羊肝攢盤

一品竹節饊小饅首一品

高恒進酥鷄一品燕窩攛豆腐一品水晶肘子一品糟鴨子

一品雞蛋糕一品 饊䭔汆包子一品 銀葵花盒小菜一品
銀碟小菜四品
隨送鴨子肥雞蘒片湯膳一品
額食三桌 餑餑九品一桌 內管領爐食四品 盤肉四品
八品一桌 羊肉二方一桌
上進畢
賞
皇后 攢豆腐一品 令貴妃 肥雞一品
慶妃 糟鴨子一品 容嬪 攢盤肉一品
上驥至平善堂 總管蕭雲鵬奉
旨要內管領爐食二品 爐食三品 共五品 呈進
賞用 記此
二月十六日阿里哈達傳恒傳
旨明日晚膳天寧寺行宮
賞人飯食 欽此
二月十七日未正一刻
天寧寺行宮西邊花園升寶座 茶膳房大人五福 福隆安送
上進奶茶 賞奶茶畢 傳膳
花園進晚膳用摺疊膳桌擺 鴨羹一品 燕筍炖棋盤肉
一品係飛成做 後送蒲菜炒肉絲一品 春筍爆炒雞一品 蘒蒸雞

慶妃　鴨羹一品　容嬪　小餑餑一品
次送
賞兩配殿王子大人等江南總督巡撫將軍梅倫章京倉場侍郎
官員等　用一等飯菜二十桌　每桌八碗　青磁碗　蒸食一盤
爐食一盤　攢盤肉一盤　膳房飯　外膳房肉絲湯　每桌
豬肉六斤　羊肉四斤　牲口一隻
次等飯菜十二桌　每桌六碗　青磁碗　蒸食一盤　內管領爐食
一盤　外膳房肉絲湯飯　每桌豬肉四斤　羊肉四斤
俱係茶膳房隨侍侍衛人等伺候　記此
晚晌伺候

肘子肉攢盤一品 白麵絲糕糜子米麵糕一品 象眼棋餅
小饅首一品 鴨子火燻煎粘團一品 係張東官做
高恒進雞肉丸子一品 燻子英桃肉一品 鴨腰蘇膾一品 燕窩
膾肥鴨子一品 銀葵花盒小菜一品 銀碟小菜四品
隨送粳米膳進一品 燕窩攢湯一品 係張成做
額食六桌 餑餑六品 奶子六品 十二品一桌 內管領爐食
八品一桌 盤肉二桌 每桌八品 羊肉四方二桌
上進畢
賞
皇后 英桃肉一品 令貴妃 鴨子一品

蝦米火燻白菜一品　五香豬肚一品　醋溜荷包蛋一品　糖炒
雞一品 此二品係宋元做 小菜一品
上進畢
賞
皇后　白菜一品　令貴妃　荷包蛋一品
慶妃　糖炒雞一品　容嬪　小菜一品
二月十七日總管王常貴傳
旨明日早膳漪虹園伺候　欽此
二月十八日卯初一刻請
駕伺候冰糖燉燕窩一品　辰初

漪虹園進早膳用摺疊膳桌擺
皇太后
賜羊腸羊肚熱鍋一品　炒雞大炒肉一品　羊肉包子一品
燕窩鍋燒雞一品　燕筍蔥椒羊肉一品 係宋元做
高恒進燕窩雞肉丸子火燻丸子一品　江米釀鴨子一品　豬肉餡
包子一品　清蒸鴨子糊豬肉攢盤一品　孫泥額芬白糕一品
竹節餋小饅首一品　銀葵花盒小菜一品　銀碟小菜四品
隨送肥雞鍋燒鴨子麵片餛飩一品 係宋元做 粳米膳一品
火燻豆腐湯一品
額食三桌　餑餑十品　二號黃碗菜一品　奶子二品　共十三品

一桌 內管領爐食四品 盤肉四品 八品一桌 羊肉二方一桌
上進畢
賞
皇后 羊肚熱鍋一品 令貴妃 鍋燒鷄一品
慶妃 糟鴨子一品 容嬪 羊肉一品
上膳至撫得山 總管蕭雲鵬奉
旨要爐食三品 內管領爐食二品 共五品 呈進
賞用 記此
二月十六日阿里哈達傳恒傳
旨二月十八日晚膳天寧寺行宮

賞人飯食 欽此
二月十八日未正
天寧寺行宮西邊花園昇座畢傳膳用摺疊膳桌擺 燕窝棋盤鴨子一品
肉片炖麵觔一品 係張成做 後送豆腐乾炒肉絲一品 燕筍炒肉一品 掛爐鴨子
掛爐羊肉攢盤一品 棗尔糕老米麵糕一品 象眼棋餅小饅首一品 搽穀一品
尹繼善進豆腐白菜一品 酒炖羊肉一品
高恒進炖燕窝一品 蓮子鷄一品
銀葵花盒小菜一品 銀碟小菜四品
隨送粳米膳一品 鷄肉攢絲湯一品 係張成做
額食四桌 奶子五品 二號黃碗菜四品 餑餑十品 十九品一桌 餑餑五品

內會領爐食六品十一品一桌　盤肉八品一桌　羊肉二方一桌

上進畢

賞

皇后　攢盤鴨子一品　令貴妃　肉片溢煎一品

慶妃　春餻一品　容嬪　攢盤肉一品

次送

賞兩邊萬恒代領鹽商人等

用一等飯菜二十桌　每桌八品　青磁碗　蒸食一盤　爐食一盤　攢盤肉一盤

每桌豬肉六斤　羊肉四斤　外膳房肉絲湯　膳房飯　牲口一隻

次等飯菜十桌　每桌六品　青磁碗　蒸食一盤　內會領爐食一盤　攢盤肉一盤

每桌豬肉四斤　羊肉四斤　外膳房肉絲湯飯

此一次

上未進奶茶　亦未賞奶茶　亦未用膳整羊　兩邊搭飯菜桌送湯飯　俱係

茶膳房章京代領侍衛人等伺候

二月十七日總管王常貴傳

旨　明日晚膳天寧寺行宮

皇太后

賞命婦等十九人飯食　欽此

總管馬國用等遵例

皇太后晚膳還是壽康宮膳房伺候膳

茶膳房伺候額食二桌 餑餑四品奶子四品八品一桌 盤肉八品一桌

賞命婦十九人用飯菜十桌 每桌六碗青磁碗 每桌猪肉三斤 羊肉二斤

菜牲口一隻 蒸食一盤 爐食一盤 攢盤肉一盤 外膳房肉絲湯飯

額食飯菜桌俱係

壽康宮膳房伺候 記此

晚晌伺候

上進畢

煠肉古嚕一品 膾銀絲一品 鷄丁炒黄豆芽一品 糟鴨子一品 此二品係宋元做

賞

皇后 煠肉古嚕一品 令貴妃 膾銀絲一品

慶妃 炒黄豆芽一品 容嬪 糟鴨子一品

二月十九日卯初一刻請

駕伺候冰糖燉燕窩一品 卯初三刻

天寧寺行宮進早膳用摺叠膳桌擺 鴨絲燉白菜絲一品 蘇州丸子一品係宋元做

羊肉片一品 清蒸鴨子糊猪肉攢盤一品 蜂糕一品 匙子餑餑紅糕一品

竹節餞小饅首一品 銀葵花盒小菜一品 銀碟小菜四品

隨送蘇造鷄爛肉麵一品 老米水膳一品 鷄肉絲湯一品

上進畢

賞用

二月十九日未正

高旻寺行宫進晚膳用掐叠膳桌擺 春笋酒炖鴨子一品 葱椒鹹淡肉一品係張成做
羊渣古一品 攢絲蝴猪肘子一品 火燻猪肚一品 脊髓炖肉一品 燕膾一品
後送豆豉炒豆腐一品 蒸燒肥鷄五香羊肉攢盤一品 匀麵絲糕糜子米
麵糕一品 象眼棋餅小饅首一品 澄沙餡蝶油堆一品係張東官做 銀葵花盒
小菜一品 銀碟小菜四品
隨送粳米膳一品 雲片湯一品
額食五桌 奶子五品 餑餑十品 十五品一桌 餑餑五品 内管領爐食六品
十一品一桌 盤肉八品一桌 羊肉四方二桌
上進畢
賞
皇后 酒炖鴨子一品 令貴妃 鹹淡肉一品
慶妃 蝶油堆一品 容嬪 攢盤肉一品
晚晌伺候
五香鷄火燻炖白菜一品 鷄絲炒燕窩一品宋元做 掛爐鴨子掛爐肉一品
肉片醋溜燕笋一品宋元做 糟蘿蔔一品
上進畢
賞
皇后 鷄絲炒燕窩一品 掛爐鴨子掛爐肉一品 令貴妃 火燻炖白菜一品
慶妃 肉片醋溜燕笋一品 容嬪 糟蘿蔔一品
此一次烟火盒子未用

二月十九日總管王常貴傳
旨 明日早膳錦春園伺候 欽此
二月二十日卯初二刻請
駕 伺候冰糖炖燕窩一品 辰初二刻
錦春園進早膳用摺叠膳桌擺 五香鷄雲片豆腐一品 醃菜花春笋炖鷄
一品係宗元做 羊肉絲一品 清蒸鴨子糊猪肉攢盤一品 蜂糕一品 孫泥
額芬白糕一品 竹節卷小饅首一品
上傳燕笋炒肉一品 銀葵花盒小菜一品 銀碟小菜四品
隨送蘇羹燙膳一品係宗元做 麩觔湯一品
額食二桌 如子二品 餑餑十品 內管領爐食四品 十六品一桌 盤肉四品
羊肉二方一桌
上進畢
賞
皇后 雲片豆腐一品 令貴妃 小餑餑一品
慶妃 炖鷄一品 容嬪 羊肉絲一品
上進膳畢 總管馬國用口奏今日晚膳做菜
恭進
皇太后 欽此

諭令將史可法等載國史以葆節義事

乾隆三十一年五月二十六日內閣奉

上諭今日國史館進呈新纂列傳內洪承疇傳于故明唐王朱聿釗加以偽字於義未為允協明至崇禎甲申其統已亡然福王之在江寧尚與宋南渡相髣髴即唐桂諸王轉徙閩滇苟延一綫亦與宋帝昰帝昺之播遷海嶠無異且唐王等皆明室子孫其封號亦其先世相承非若異姓僭竊及草賊擁立一朱姓以為號召者可比固不必概從貶斥也當國家戡定之初于不順命者自當斥之曰偽以一耳目而齊心志今承平百有餘年纂輯一代國史傳信天下萬世一字所繫予奪攸分必當衷于至是以昭史法昨披閱通鑑輯覽至宋末事如元兵既入臨安帝㬎身為俘虜宋社既屋統系即亡昰昺二王竄居窮海殘喘僅存并不得比於紹興偏安之局乃續綱目尚以景炎祥興大書紀年曲徇不公於史例亦未當因特加釐正批示大旨使名分秩然用垂炯戒若明之唐王桂王於昰昺亦復何異設竟以為偽則又所謂矯枉過正弗協事理之平即明末諸臣如黃道周史可法等在當時抗拒王師固誅僇之所必及今平情而論諸臣各為其主節義究不容掩朕方嘉

予之又豈可概以僞臣目之乎總裁等承修國史於明季
事皆從貶固本朝臣子立言之體但此書皆朕親加閱定
何必拘牽顧忌漫無區别不準于天理人情至當乎朕權
衡庶務一秉至公況國史筆削事關法戒所係于綱常名
教者至重比事固當徵實正名尤貴持名特明降諭旨俾
史館諸臣咸喻朕意奉為準繩用彰大中至正之道欽此

大學士公傅 大學士尹 大學士劉 字寄

直隸 河南 山西 各督撫 乾隆三十一年五月二十六日
西安 甘肅

奏爲揚州教場基址窄狹擬遷建并將舊教場租予民商等事

太子太傅內大臣兩江總督統理河務革職留任臣高晉謹

奏爲奏

聞事竊照各營教場爲演武之地必須平原空曠訓練官
兵技藝方得施展裕如是以通省標營教場俱建設
於城外惟揚州營教場設於揚州府城之内該處民
居鋪面稠密四面基址窄狹操演兵技施放鎗砲多
有窒碍不能舒展臣上年查閱營伍見該營教場僅
容官兵騎射其鎗兵又另在城外空地打靶一營兵
丁兩處演習實與營制未符必須另行改建庶爲允

協當查該營舊有官地一段在府城西門外三里許周圍頗爲寬廣以之改建教場遠近適中與營制相宜臣隨飭令該管府縣公同該營遊擊勘估遷建教場演武廳等項計需工料銀五百九十餘兩其舊教場基址爲揚城商賈雲集之所酌議召民建造房屋收取地租以充公用核估鋪面住房每歲可得租銀一千一百十七兩二錢正在飭辦間旋據運司趙之壁詳據淮南衆商黄源德等呈稱商等鹺務仰荷

皇上天恩近年旺產旺銷公議於揚州郡城籌建水神財神廟宇以利鹽艘而祈神祐緣城內民居稠密並無寬濶地面可以營建今奉飭將教場舊址召民領建認租商等願照議估之數按年認租銀一千一百十七兩零即作爲鹽務公地擬建神祠俾商等得申報饗之誠更與商民風水有裨等情臣復詢之鹽臣普福據稱實出衆商情願臣查揚州營教場設於闤闠囂塵之地於操演兵丁既多未便自應另行改建以符營制現在飭令將教場照估移建其舊教場基址衆商既願認租即准其於本年如數起租按年分季

完繳至移建教場工料就一年租息動用尚有盈餘
其餘存銀兩係屬營中地租應即留爲營中修製軍
裝公用查江省各營盔甲器械多屬舊上年臣查
閱蘇松營伍案内
奏明撙節各營公糧將舊盔甲各項器械陸續製造
更換但各營公糧現在不敷者居多若俟公糧充裕
再行製造未免曠日持久今揚州營地租每年既可
得銀千有餘兩應將此項即爲添補修製盔甲軍裝
之用該營係狼山鎮總兵所轄先儘狼山鎮標各營

動支製造以次遞及公糧不足營分容臣會同提臣
督率各營將備妥協經理據實核銷不使稍有冒混
一俟通省各營盔甲軍裝造竣後此項地租銀兩或
解司庫充公或酌量存營以爲緝拏盗賊出力弁兵
獎賞之需臣再另行定議請
旨遵行如此則揚州營改建教場既與營制合宜而於商
情亦甚稱便其所獲餘租不數年間又可將通省各
營盔甲軍裝陸續修造一律鮮明整齊似與營伍稍
有裨益臣與撫臣明德面商意見相同臣謹會同江

奏爲恭報長春園含經堂裝修物件在揚工完起運事

蘇巡撫臣明德恭摺具

奏伏乞

皇上睿鑒訓示謹

奏

知道了

乾隆三十二年五月十七日

奴才李質穎謹

奏爲恭報工完起運事竊查尤拔世於本年正月十七日接奉内務府總管三和等寄信内開

長春園含經堂後新建淳化軒西順山殿三間樓下裝修各一分奉

旨交尤拔世成做欽此并隨發到燙様三座大小紙畫様五十二張著色畫様一張

寶墨對聯一副暨營造尺清单等項到揚當經尤拔世飭交運使鄭大進選擇商人汪日初等八

人領銀承辦奴才於五月初九日到任即赴工所
查看尚有未完之件奴才當即嚴飭攢辦限半月
內務要齊全茲於二十四日據各商具報工竣
奴才復親身查點共一千五百五十一件其做法
尚屬工緻俱係細活途間恐其磨擦且北路風
高又虞迸裂必逐件包裹嚴密方保無虞奴才當
即一面料理包紮一面催船裝載擇吉於閏五
月初二日開行復慮途中阻滯以致躭延選派
家人隨路催趲并飛咨南北河臣暨各關監督
隨到隨放過閘之際多撥閘夫帮同拉護務令
迅速遄行期於早到除備文呈明內務府一經
運到即便
奏
聞外謹將裝修細數開列清摺恭呈
御覽伏乞
聖鑒謹
奏

乾隆三十五年五月 二十六 日

奏爲將兩淮
交做玉活現
在成數及所
定完工期限
開單呈覽事

奴才李質穎謹

奏爲奏明事竊照兩淮有交做玉活奴才到任之後
即赴局查看并將回殘玉查對冊檔逐一點驗
封貯隨飭諭玉匠上緊攢造勒定完工期限如
躲嬾偷閒以致踰限者將限外手工罰去止給
飯食各匠役現各遵依趕做不敢延挨其玉局
即在奴才署中早晚俱可親身查察就便與之講
究玉質之高下做法之工拙亦可稍增識見謹
將所做各活計現在成數及所定完工期限開
列清单恭呈
御覽又白玉漢紋洗一件現已完工收拾匣座賫交
造辦處
進呈外謹此
奏
聞伏乞
聖鑒謹
奏

乾隆三十五年五月 二十六 日

奏爲遵旨覓得米芾手卷等物于裝修船上附帶進京并請免開價值事

奴才李質穎謹

奏竊奴才仰蒙

聖諭容尋舊紙舊字前將覓得藏經紙并磁青暨宣紙等件及奴才家藏舊字二種於五月二十六日

恭摺

進呈在案茲又覓得藏經紙六十張大宣紙十七張米芾大字手卷一軸蘇米合璧手卷一軸恭

呈

御覽因裝盛宣紙木匣頗長牲口難以馱載是以在

運送

淳化軒裝修船上附帶進京爲時稍久謹並聲明至於紙張字蹟價甚有限奴才業已給發懇請免開價值伏乞

聖鑒謹

奏

前次與價係屬好價已費過此次再寄此事亦不必爲惟搜求也古字甚少古畫亦少偶得但係不可張皇

乾隆三十五年閏五月　初二　日

奏爲將揚州商人馬裕家藏好書挑交四庫全書總裁事

奴才李質穎謹
奏爲欽奉
上諭事乾隆三十八年四月初七日接奉軍機處傳
諭内閣大學士劉統勲字寄大學士管兩江總
督高晋江蘓巡撫薩載并傳諭兩淮鹽政李質
穎乾隆三十八年閏三月二十八日奉
上諭前以辦理四庫全書聞揚州商人馬姓家内藏
書頗富曾傳諭李質穎令其就近妥協訪問借抄
昨據高晋等奏到續採書單摺内稱已將商人馬
裕家内書籍開列目録揀出一百三十三種以六
十八種發蘓州書局校勘其六十五種在揚州就
近檢查解省又揀出六十二種開單一併借出嗣
據李質穎札會奉旨飭查已將續取之書停其解
送等語送到書目已交四庫全書總裁等詳細核
定後行知取進至馬裕家查借書籍前已諭令李
質穎辦理莫若令該鹽政就近借抄於事更爲便
捷其中或有不用者即可隨時檢還亦不致於散
佚所有高晋等原發蘓州書局之六十八種及交
揚州府檢閲之六十五種並著歸還李質穎處一
併彙辦俟書目核定行知到日即將需用之書上

繁抄進仍將原本給還其不用者即可先爲檢發
至昨閱单内所開各書亦多係近代人詩文等集
其於古書善本尚不槩見馬裕家夙稱善於収藏
何所存僅止於此或原辦時尚係地方官往彼詢
訪其家未免心存畏懼又憚將善本遠借故所開
尚爾不精不備亦未可知併著李質穎善爲詢覔
如单外另有佳本仍開目録續奏以便檢核借用
務期多多益善將此諭令高晉等遵照辦理並諭
李質穎知之欽此遵
旨傳諭到　奴才伏查本年閏三月初十日　奴才初次奉到

上諭之後即將馬裕所呈書目選取二百十一種暨
督臣高晉續選之六十二種於閏三月二十日
恭摺
奏進在案嗣將該商書目覆加校閲又揀出三百
七十種於四月初六日
奏明呈送亦在案兹准督臣高晉撫臣薩載欽遵
諭旨將選去之書於四月十五十六等日前後送到
奴才愚昧之見若待行知到後方行解送未免稍
有稽延當即查明卷帙將原書一百三十三種
專差呈送四庫全書總裁處聽候查核其不用

者　奴才令坐京之人候示領回給還馬裕似與
諭旨仍屬相符至馬裕家藏書總目共一千三百八
十五種　奴才前
奏業已聲明合計前後共送過七百七十六種下
剩六百九種俱係通行共見之書無可再加採
選　奴才恐其或有善本另藏未嘗載入目内者亦
經詳細密訪據各商總咸稱馬裕爲人小心謹
飭令所送之書目乃其家因卷帙繁多慮其遺
失逐一登明以便查考係伊家原有之藏書私
賬所以纖悉不遺俱開在内江廣達等閒時常
到其家曾見此書目等語　奴才竊思初次奉到
上諭之時傳諭該商即欣然將書目呈出及至借抄
之際又再三稟請恐稽時日求將原書呈送是
其感激
天恩樂於從事出自中心之所誠然合之衆商總之
言亦屬確情似無别有秘藏之事　奴才現在仍催
飭江廣達等悉心遍訪廣爲詢覓如有所得再
行呈送外所有高晉等歸還書籍　奴才辦送緣由
理合
奏

樣一張奉
旨四喜瓶交兩淮鹽政李質頴處成做欽此　奴才均於
發到之日挑選工匠照式敬謹成做俱已辦成
今備文專差齎送造辦處恭呈
御覽謹恭摺
奏
聞伏乞
皇上聖鑒謹
奏

乾隆四十年正月　初十　日

奏爲奉旨監做白玉桃式盒辦成運京事

奴才李質頴謹
奏爲奏
聞事上年十二月二十三日准造辦處發到白玉子
一塊桃盒木樣一件移會内開乾隆三十九年
十二月初六日奉
旨白玉桃式盒著交兩淮鹽政李質頴處照樣成做
其紅漆菊花盤留啟祥宮收貯俟白玉桃式盒做
得時交啟祥宮隨紅漆盤一並呈進欽此　奴才隨即
挑選玉匠督令遵照來樣敬謹成做今已辦成

備文專差齎送造辦處恭呈
御覽謹具摺
奏
聞伏乞
皇上聖鑒謹
奏
乾隆四十年三月　二十九　日

奏爲戊戌綱外支不敷銀兩現貯運庫待解事

奴才伊齡阿跪
奏為奏明事竊照兩淮凡有交辦玉活計奏定在
於外支不敷銀四萬兩內動用綱竣奏銷遵奉
在案卷查戊戌綱已竣其一年辦繳過玉活計
共四十四件係大寶月瓶一件清溪泛艇圖一
件象一件碟子二件蒼龍觥一件十二屬相十
二件雙管瓶一件雙環瓶一件如意洗一件雲
龍水盛角端異獸螭虎玦卧羊羚羊金魚獾漁
翁小件九件象白尊一件觀音一尊背光佛一
尊文供佛一尊雙管瓶一件虎山一件瑞獸一

件宴碗七件俱送造辦處恭呈
御覽其玉匠辛工飯食及寶砂料物各費俱經照例
隨時給發並未動用外支不敷銀兩無庸造冊
報銷所有戊戌綱外支不敷銀四萬兩現貯運
庫俟有起解之項隨同附解照例交造辦處查
收理合恭摺
奏明伏乞
聖主睿鑒謹
奏
乾隆四十四年八月二十四日

奏爲揚州天寧寺等地藏書樓蓋造完竣請旨頒賜御書匾額事

奴才伊齡阿跪
奏為恭懇
聖恩頒賜
御書匾額以光勝蹟事竊照乾隆三十九年五月承
准軍機處劄開奉
旨發往揚州天寧寺
行宮及鎮江金山寺
行宮之古今圖書集成各一部飭赴
武英殿領取收貯以備陳設等因旋經委員祇領到

御覽伏候
聖主訓示遵辦謹
奏

乾隆四十四年十月二十六日

奏爲奉旨發辦九龍大玉甕等玉器今已做就運京等事

奴才伊齡阿跪

奏為奏明事竊照奉
旨發辦九龍大玉甕一件南山積翠大玉山一座前
經做成陳設天寧寺
行宮大觀堂恭呈
御覽欽奉
諭旨再將玉甕酌量做色送京奴才當即遵
旨催募蘇州工人朱廷琇来揚督飭辦理今已做就
謹將玉甕玉山由水路運送進京應交何處陳
設現在送交總管内務府大臣英廉請

揚奏請即於天寧金山兩處
行宮隙地建造樓屋藏弆書函以昭慎重奉
旨俞允奴才到任後查案興工並已繪圖恭呈
御覽茲如式蓋造完竣伏念天寧
行宮金山勝地仰荷
聖主歷次南巡駐蹕
親灑宸翰匾聯詩句照耀山川垂為盛典今奉
發古今圖書集成以備
乙覽丹文綠字如探宛委之藏玉柱金庭永貯石渠
之副若蒙
御賜匾額懸於樓楣則江左臣民瞻仰
奎文倍深忭慶伏懇
皇上天恩濡毫幾暇肇錫嘉名
賞發到日奴才當即敬謹鉤摹諏吉懸掛仰俟來春
翠華臨幸
雲日之光既同輝於
墨寶文明之盛益永垂於千古矣奴才不勝悚息待
命之至謹將匾額尺寸另繕清單恭呈

旨遵行又本年辦理天寧寺等處
行宮工程內有擺錫玻璃十塊亮玻璃十塊又畫
玻璃插屏一對靈璧石大小八十塊謹附便送
交英廉查收一並呈
進存貯備用理合開繕玻璃尺寸清单恭摺具
奏伏乞
皇上睿鑒謹
奏
乾隆四十五年六月二十四日

乾隆帝在天寧寺高旻寺行宮用膳情形事

二月十三日早膳
遊水路船上進早膳　晚膳崇家灣水營　用摺叠膳桌擺　照常膳品
照常傢伙　早膳
額食二桌　餑餑六品　內管領爐食四盤　盤肉四盤　共二桌　記此
二月十四日早膳
遊水路船上進早膳　晚膳天寧寺行宮　用摺叠膳桌擺　照常膳品
照常傢伙　早膳
額食二桌　餑餑六品　內管領爐食四盤　盤肉四盤　共二桌　記此
二月十五日早膳
淨香園　晚膳天寧寺行宮
賞人飯食

二月十四日大人福隆安德保傳

旨　明日晚膳天寧寺行宮

賞人飯食　欽此

二月十五日未初三刻

天寧寺行宮西邊花園昇座　茶膳房大人福隆安德保送

上進奶茶　賞奶茶畢　傳膳

花園進晚膳用摺叠膳桌擺　燕窩肥鷄絲熟鍋一品雙林做　火燻東

坡鴨子一品張東官做　鹿筋酒炖鷄冠肉一品鄭二做　羊肉片一品

上傳炒雞蛋一品　後送春笋炒肉一品常二做　蔥燒肥鷄羊烏叉

攢盤一品　象眼小饅首一品　白麵絲糕糜子米麵糕一品

兩淮鹽政伊齡阿進菜四品　安膳桌二品　餑餑二品　安膳桌一品

銀葵花盒小菜一品　銀碟小菜四品

隨送粳米乾膳進一品

額食六桌　餑餑六品　奶子六品　共一桌　內管領爐食八盤一桌

盤肉二桌　每桌八盤　羊肉四方二桌

上進畢　遵例將

膳桌上剩下的　送至

妃嬪公主等位　燕窩肥鷄絲熟鍋一品　火燻東坡鴨子一品

鹿筋酒炖鷄冠肉一品　羊肉片一品　春笋炒肉一品　炒雞蛋

一品　攢盤肉一品　菜三品係伊齡阿進

賞兩配殿隨營王公大人等　江南總督巡撫將軍梅倫章京

鹽政官員人等　用一等飯菜二十桌　每桌八碗青磁碗內有

外膳房四碗 每桌猪肉六斤 羊肉四斤 菜鷄一隻 蒸食一盤
爐食一盤 攢盤肉盤 膳房飯 外膳房肉絲湯
次等飯菜二十桌 每桌六碗青磁碗 蒸食一盤 内管領爐食一盤
外膳房肉絲湯飯 每桌猪肉四斤 羊肉四斤
俱係茶膳房隨侍侍衛人等伺候 記此

晚晌伺候
湯餅湯一品 春笋拌青菜一品 火燻白菜一品 燻鷄一品
煠牌骨一品 炒鮮蝦一品
上進畢
賞妃嬪等位 記此

二月十六日早膳

漪紅園 晚膳天寧寺行宫
賞盐商人飯食
二月十五日大人福隆安傳
旨 明日晚膳天寧寺行宫西邊花園伺候
賞盐商們飯食 欽此

二月十六日未初三刻
上至西邊花園昇座畢 送
上進奶茶 賞奶茶畢 傳膳
花園進晚膳用摺叠膳桌擺 燕窝糟笋片膾鴨子熱鍋一品雙林做
鹿筋拆鷄一品常二做 膾獐肉一品張東官做 羊肉片一品 後送春笋炒肉一品

蒸肥鷄燒狍肉攢盤一品　象眼小饅首一品　白麵絲糕糜子米
麵糕一品　猪肉餡提摺包子一品　油糕一品（係早膳收的）
銀葵花盒小菜一品　銀碟小菜四品　醎肉一碟
隨送粳米乾膳進一品　燕窩芙蓉湯進一品
上進畢　將膳桌上剩下膳品　遵例送至
妃嬪公主等　燕窩糟笋片膾鴨子熱鍋一品　鹿筋拆鷄一品　膾獐肉
一品　羊肉片一品　春笋炒肉一品　攢盤肉一品　象眼小饅首一品
猪肉餡提摺包子一品　白麵絲糕糜子米麵糕一品　共九品　記此
次送
賞西邊伊齡阿代領塩商人等　用一等飯菜十桌　每桌八碗（青磁碗）
蒸食一盤　爐食一盤　攢盤肉一盤　每桌猪肉六斤　羊肉四斤
膳房飯　外膳房肉絲湯　牲口一隻
次等飯菜六桌　每桌六碗（青磁碗）　蒸食一盤　内管領爐食一盤
攢盤肉一盤　每桌猪肉四斤　羊肉四斤　外膳房肉絲湯飯　此一次
未用額食　記此

二月十七日早膳

遊水路船上進早膳　晚膳高旻寺行宫　用摺叠膳桌擺　照常膳品
照常傢伙　早膳
額食六桌　餑餑六品　内管領爐食四盤　盤肉四盤　共二桌　記此

奴才圖明阿跪

奏為恭陳鹽務情形仰祈

聖訓事竊奴才欽承

恩命管理兩淮鹽政於二月初三日接印任事當即

繕摺恭謝

天恩并循例

題報在案奴才到任後查鹽屬各官惟運使倉聖

裔近在同城連日見面奴才看其才質謹樸明

晰鹽務尚屬認真辦事之人其餘監掣同知暨

各分司大使壩官等奴才由淮至揚亦俱陸續

四字是但　恐才短些耳　与伊之商等交

清宮揚州御檔精編

乾隆朝

接見詢以所管事宜大約皆循分供職奴才惟

留心查察隨事督率倘其中有於官方政體稍

涉怠玩隕越即當據實查辦恭請

聖訓以昭激勵至兩淮商衆偹沐

皇恩納課辦運共欣樂利其中有總商為散商表率

一應酌劑運務辦理差使向來俱係該總商等

從中承接呼應奴才於其公同進見時詢問現

在鹽務情形及應辦事件即與諄切誥誡務在

通河商人得盡報効之忱仍不許誇多鬭靡競

尚浮華以仰體

此之事亦未定　另問

聖訓不敢稍有茍且以保全格外
恩賞之臉面凡事督同運司秉公酌辦其有應與督
臣商定者亦必虛心和衷期於公事妥協奴才
謹將所見鹽務大概情形及酌擬辦理愚忱繕
摺恭請
聖主訓誨遵行伏乞
慈鑒謹
奏
覽
乾隆四十六年二月二十二日

聖主培植鹽法軫念商情至意伊等俱感激警凛知
所遵奉又查庚子綱鹽自上年五月開綱至今
已辦運九十三萬餘引瞬屆奏銷即須開運辛
丑新綱奴才督同運司償舊辦新俾商運流通
民食充裕因查現在各口岸銷售亦頗暢順努
自問拘謹無能仰賴
聖主矜憐教導幸供驅策今更蒙
恩管理兩淮鹽政每念引課民食竈隱商情均關緊
要奴才初膺重任益覺惴慄不遑惟有小心謹
慎時時尋繹

常存此志毋忘

奏爲遵旨酌擬查辦戲曲章程事

奴才圖明阿跪

奏為遵

旨酌擬查辦戲曲章程仰祈

聖訓事竊照欽奉

諭旨查辦戲曲違碍之處本年正月内伊齡阿將刪

改抽掣之精忠傳等五種具

奏呈進二月二十九日奉到

硃批此事不必行之過當交圖明阿全德等妥為之

欽此奴才跪讀之下仰荷

聖主明白訓示俾辦理得有遵循實深感幸並即敬

謹抄録寄知全德欽遵伏念奴才到任以來將

局内所收官商及戲班教習等繳到戲曲逐一

查檢除已

進呈之五種外其餘尚有彼此重複之本又有與

全德送来之曲重複者俱經核實剔除現在所

存戲曲計二百八十四種奴才正在督率委員

上緊查辦間兹奉到

硃批奴才欽遵斟酌并恭捧上年十一月内原奉

上諭悉心體會竊以凡係明季
國初之事有關涉
本朝字句及南宋與金朝劇本扮演失實者皆當
遵
旨酌擬刪改抽掣另繕清本仍將粘簽之原本一併
進呈恭候
欽定其餘曲本或一部中有一二處情節乖謬恐其
誑惑愚民亦應照此辦理若但係字句偶有違
碍應即就原本内粘簽改正恭呈
御覽奴才不揣愚昧謹擬如此分別辦理庶承辦人
員得以循照章程上緊儹辦不致紛雜遲延久
稽歲月至全德節次送來共一百十二種已據
分別粘簽抽掣改正似俱妥協奴才仍留心覆
勘亦一體陸續代為
進呈再此外尚有原奉例禁之劇并一切荒誕穢
雜毫無情理之曲均當隨見隨燬以杜滋蔓流
傳奴才惟與全德慎密搜羅加謹查勘不敢稍
涉張皇亦不敢將就了事以仰副

上諭四庫全書告竣分貯揚州大觀堂之文滙閣等處事

聖主訓飭妥辦之至意是否有當謹具摺恭請
恩賜訓示遵行伏乞
慈鑒謹
奏

好知道了此係正人心之一端但不可過於張皇耳

乾隆四十六年三月初二日

尚書額駙公福　尚書和　字寄
閩浙總督兼浙江巡撫陳　傳諭兩淮鹽政伊齡阿
浙江布政使署理織造盛住　乾隆四十七年七月初
八日奉
上諭四庫全書現在頭分已經告竣其二三四分限於六年
內按期蒇事並特建文淵文溯文源文津等閣以供藏庋
因思江浙為人文淵藪允宜廣布流傳以光文治現特發
內帑銀兩雇覓書手再行繕寫全書三分分貯揚州大觀
堂之文滙閣鎮江金山寺之文宗閣杭州聖因寺內擬改
建文瀾一閣以昭美備著傳諭陳輝祖伊齡阿盛住等所

有大觀堂金山寺二處藏貯圖書集成處所空餘格甚多
即可收貯四庫全書若書格不敷著伊齡阿酌量再行添
補至杭州聖因寺後之玉蘭堂著交陳輝祖盛住改建文
瀾閣并安設書格備用伊齡阿盛住於文淵等閣書格式
様皆所素悉自能仿照妥辦至修建書格等項工費無多
即著兩淮浙江商人捐辦伊等情殷桑梓於此等嘉惠藝
林之事自必踴躍觀成歡欣從事也將此各傳諭知之欽
此遵
旨寄信前來

上諭兩淮商人請于天寧寺後添建萬壽寺事

乾隆四十八年五月二十八日奉
上諭據伊齡阿奏兩淮商人籲請於天寧寺後添建萬壽寺
一處稍効悃忱所需物料歲内俱經辦齊地基亦已修妥
請頒發碑文寺名等語此寺既經建盖自不便停其辦理
以致虚糜物料所有碑文寺名候發往鐫刻至西邊亭内
亦應添立石碑一座以便鐫泐御製詩章即將高寬尺寸
詳悉開明呈覽至後樓及大殿如何供設佛像之處並著
該鹽政另粘掩單或燙一小樣呈覽不必大但寫明尺寸
以便另發添供佛像將此諭令知之欽此
總管内務府大臣遵
旨傳諭兩淮鹽政伊齡阿

奏爲查明本年鹽屬各員并無换帖宴會等項情弊事

奴才全德跪

奏為循例具奏仰祈

天鑒事竊照前左都御史張若溎奏准查禁外省换

帖上省讌會三事於年終具奏等因歷年遵行

在案再乾隆四十五年八月初二日奉

上諭據德隆條奏各省府州縣坐省家人嚴行革除

一欵已批交該部議奏此等名目自屬外省惡習

各該督撫必當嚴行查禁以肅政紀又聞外省督

撫兩司等遇有慶典年節宴會及欽差過境往往

開筵演戲俱令首府首縣承辦此事尤屬不可務

宜概行禁革以期大法小廉倘不實力革除仍前

派委或科道參奏一經發覺朕必重治其罪嗣後

著將有無此事各督撫於年終奏聞等因欽此欽

遵亦在案奴才伏查鹽屬各員惟運使近在同

城其餘同知運判大使等官各有職守遠處通

泰海三州縣地方奴才仰荷

天恩身任兩淮鹽政自本年四月到任以來申明例

禁董率屬員俾知共守官箴現在尚屬勤慎奉

公並無違例換帖讌會之事亦無潛留在揚滋
事家人本年并未有
欽差過境其南北往來各官間有酒食應酬亦皆出
貲自辦實無派委屬員等事至
慶典年節向來原有一定儀注奴才嚴飭屬員一切
照舊勿得稍有逾越各員亦知凜遵奴才受
恩深重惟有矢慎矢公正己率屬交相勸戒務期積
弊盡除以仰副
聖主整飭官方至意茲屆年終理合恭摺奏

聞伏乞
皇上睿鑒謹
奏

乾隆四十九年十一月 二十六 日

乾隆帝在天寧寺高旻寺行宫用膳情形事

二月二十六日

遊水路船上進早膳　晚膳天寧寺行宫俱用捎[疊]膳桌擺照常傢伙膳品記

二月二十六日小太監厄禄里傳

旨明日叫慧因寺厨役做素麵素菜　欽此

二月二十七日寅正二刻請

駕　卯正二刻

倚虹堂致佳楼進早膳用捎[疊]膳桌擺　燕窩春笋鍋燒鴨子熱鍋一品鄭二做

葱椒鴨羹熱鍋一品張東官做　額思克森一品　清蒸鴨子糊豬肉攢盤一品

羊烏义燒羊肝攢盤一品　竹節饊小饅首一品　孫泥額芬白糕一品

两淮盐政伊[齡]阿進菜四品　餑餑二品　銀葵花盒小菜一品　銀碟小菜四品

随送素麵進一品　果子粥進一品

額食二桌餑餑六品　奶子一品　内管領爐食四品　共一桌　盤肉四盤

一桌　交給大人們

賞人用

上進膳時　總管王進保奉

旨賞做素菜厨役陳二官壹兩重銀錁二個　記此

二月二十六日大人福長安傳

旨明日晚膳天寧寺行宫

賞随營王子貝勒大人蒙古王郭什哈額駙江寧將軍两江總督江南廵撫

梅倫章京總兵布政按察官員人等飯食　欽此

二月二十七日未初三刻

天寧寺行宮西邊花園昇座　茶房首領刘芳送奶茶

上進奶茶　賞奶茶畢　傳膳用摺疊膳桌擺　野鷄熱鍋一品　燕窝掛爐鴨子

掛爐肉野意熱鍋一品鄭二做　燕窝攢絲肥鷄熱鍋一品婁林做　酒炖鴨子

一品張東官做

上傳炒鸌肉一品　後送春笋醬汁肉一品　燕肥鷄野鷄　攢盤一品　燒响

皮攢盤一品　燕肥鷄一盤　象眼小饅首一品　枣尔糕老米麵糕一品

火燻豆腐餡包子一品　銀葵花盒小菜一品　銀碟小菜四品　風肉一品

随送粳米乾膳進一品

上進畢　遵例將膳桌剩下的送至

妃嬪公主等位　野鷄熱鍋一品　野意熱鍋一品　攢絲肥鷄熱鍋一品

酒炖鴨子一品　炒鸌肉一品　醬汁肉一品　攢盤肉二品　共八品

賞丙酟殿随营王子貝勒大人蒙古王郭什哈額駙江南總督巡撫將軍梅倫

章京盐政官員人等　用一等飯菜二十桌　每桌八碗內有外膳房四碗青緞碗

每桌蒸食一盤　爐食一盤　攢盤肉一盤　膳房飯　外膳房肉絲湯

次等飯菜三十桌　每桌六碗內有外膳房三碗青緞碗　蒸食一盤　內管領爐食一盤

外膳房肉絲湯飯　俱係随侍等處首領太監伺候　此一次未

賞額食　亦未用膳单　墊单　記此

二月二十七日奏事太監秦禄傳

旨　明日早膳净香園行宮　伺候　欽此

二月二十捌日寅初三刻請
駕　卯正
淨香園行宮進早膳用摺叠膳桌擺　酸辣羊肚熱鍋一品雙林做　葱椒鴨子
一品　燕窩鍋燒肥鷄一品鄭二做　羊肉絲一品　清蒸鴨子糊猪肉卷攢盤
一品　糊猪肉攢盤一品　竹節饊小饅首一品　孫泥額芬白糕一品
伊齡阿進菜四品　餑餑二品　琺葵花盒小菜一品　銀碟小菜四品
風肉一碟
隨送爛鴨子下麵進一品　果子粥進些
額食六桌　餑餑六品　奶子一品　內管領爐食四品　共一桌　盤肉四品
羊肉二方　共一桌

上進畢　賞用
二月二十七日大人福長安傳
旨　明日晚膳天寧寺行宮西邊花園伺候
賞鹽商們飯食　欽此
二月二十八日未初三刻
上至西邊花園昇座畢　送
上進奶茶畢　賞奶茶畢　傳膳用摺叠膳桌擺　野鷄熱鍋一品　鷄蛋
糕酒炖鴨子熱鍋一品張東官做　肥鷄火燻葱椒肘子一品雙林做　燕窩肥
鷄鍋燒鴨子一品鄭二做　羊肚片一品　後送爆炒鷄一品　蒸肥鷄掛爐鴨子
攢盤一品　蒸肥鷄一品　象眼小饅首一品　白麵絲糕糜子米麵糕

一品　火燻豆腐餡包子一品　銀葵花盒小菜一品　銀碟小菜四品

隨送粳米乾膳進一品

上進畢　將膳桌剩下膳品送至

妃嬪公主等位前

次送

賞西邊伊犂阿代領塩商人等　用一等飯菜二十桌　每桌八碗 內有外膳房四碗 青仿碗

蒸食一盤　爐食一盤　攢盤肉一盤　膳房飯　外膳房肉絲湯

次等飯菜十桌　每桌六碗　青仿碗　蒸食一盤　內管領爐食一盤

攢盤肉一盤　外膳房肉絲湯飯　此次未

賞額食　俱係隨侍等處首領太監等　伺候　記此

二月二十九日

遊水路船上進早晚晚膳高旻寺行宮俱用摺疊膳桌擺照常膳品傢伙　記此

奏爲恭届皇
上八旬聖壽
兩淮商人願
進銀兩據情
代奏事

奴才全德跪
奏為據情代奏仰祈
聖鑒事據兩淮商人洪箴遠程儉德等呈稱本年八
月恭届
皇上八旬聖壽普天同慶薄海騰歡
大福為千古所無
高齡越三代以上
彤廷稱慶典禮焜煌
丹詔覃恩頒施稠疊商等情殷愛日念切負暄平時
久享昇平早得遂其樂利近歲更蒙
顧復益得裕其懋遷欣逢
大慶之崇隆莫罄私衷之歡忭願進銀二百萬兩以
備
賞賚之需雖涓埃微末無足助於儀文而
山嶽歌呼稍藉抒其忱悃此項銀兩應即彙總繳納
緣商等資本在外套搭營運一時不能収齊並
請分作六年帶完伏乞代為轉
奏等情奴才見其情詞懇切出於至誠不敢壅於

上
聞謹繕摺代奏如蒙
恩准所有恭進銀二百萬兩請於辛亥綱起分作六
綱帶納合并陳明伏乞
皇上睿鑒謹
奏
不必
乾隆五十五年四月　初十　日

奏爲遵旨交辦文宗文匯二閣書籍事

奴才全德跪
奏爲奉
旨交辦文宗文滙二閣書籍恭摺覆
奏事奴才接奉軍機大臣傳諭内開乾隆五十五
年十月二十二日奉
上諭前因江浙兩省為人文之藪特將四庫全書添
辦三分發交揚州金山及杭州文宗文滙文瀾三
閣藏貯所有裝潢庋架等事俱交兩淮鹽政辦理
嗣因陸費墀總理四庫全書草率錯悮獲咎甚重
即罰令出資承辦陸費墀本係寒士家無擔石向

在于敏中處藉館為業諒不過千金產業耳今所
辦三閣書匣等項及繳出罰銀一萬兩計其家資
已不下三四萬若非從前在四庫館提調任內苞
苴餽送何以有此多資現在陸費墀業已身故所
有插架裝匣等事若令伊子接辦恐未能諳習且
身後所遺家業想已無多亦難措辦此時三分書
俱已校對完竣自應全行發往三處藏弆未便稽
延著傳諭海寧全德即仿照前次發去裝潢書匣
等式樣製造專派妥商辦理並著海寧查明陸費
墀原籍現有田房產業加恩酌留一千兩之數為
伊家屬養贍如尚有餘資即作為添補三閣辦書
之用海寧全德務須認真督率該商等經理妥速
藏工毋任遲延草率將此各諭令知之欽此奴才
查文宗文滙二閣應貯四庫全書前已兩次領
過六千二百九十册到揚茲接奉
諭旨知全書俱已校對完竣奴才現即委員赴京請
領所有裝潢等項前已奉
內府發出式樣應遴選妥商敬謹仿照裝釘成函
並製造書架書匣以供庋貯奴才仍與運使鹿
荃小心督辦逐一檢點料理妥速完竣務令整

齊堅緻可傳永久以仰副我
皇上嘉惠多士至意所有遵辦緣由謹先繕摺
奏覆伏乞
皇上睿鑒謹
奏
知道了
乾隆五十五年十一月　初九　日

奏爲循例年終查明鹽務各官無換帖上省宴會等陋習事

奴才全德跪
奏為循例具奏仰祈
聖鑒事竊照前左都御史張若溎奏准查禁外省換
帖上省讌會三事於年終具奏等因歷年遵行
在案再乾隆四十五年八月初二日奉
上諭據德隆條奏各省府州縣坐省家人嚴行革除
一款已批交該部議奏此等名目自屬外省惡習
各該督撫必當嚴行查禁以肅政紀又聞外省督
撫兩司等遇有慶典年節宴會及欽差過境往往
開筵演戲俱令首府縣承辦此事尤屬不可務宜

概行禁革以期大法小廉倘不實力革除仍前派
委或科道參奏一經發覺朕必重治其罪嗣後著
將有無此事各督撫於年終奏聞等因欽此欽遵
亦在案查換帖上省讌會久奉
諭旨禁革但恐日久易弛不可不隨時訪察凡換帖
等事皆由於各官羣聚一處便多徵逐往來鹽
務各官分駐通泰海三州二十餘場本不甚聯
絡奴才恐其以年節等俗例來至揚州致滋羣
聚劇飲是以素加嚴飭不許無事來揚其有因
公來見者亦必再三告誡勿為無益之朋游今

細加體訪各官尚知凜遵無此等陋習至上司
讌會令屬員承辦尤足啟虧黷之端奴才自到
揚州間有酒食應酬皆出資自辦不敢令屬員
承應近年倍加節省并飲食應酬亦益稀少其
慶典年節原有一定儀注歷年皆照例辦理亦無逾
越嗣後奴才仍當董率屬員謹守檢閑勿蹈惡
習以期仰副
皇上整飭官方至意茲屆年終理合查明恭摺具
奏伏乞
皇上睿鑒謹

奏報到揚州向董椿傳旨并查明巴寧阿與總商無聯宗事

奏

不成實之甚何所當還因之事乎此是奏耶

乾隆五十七年十二月　初一　日

奴才奇豐額跪

奏爲遵

旨明白迴奏事本年七月二十四日接奉

廷寄內開奉

上諭奇豐額奏赴揚兼署鹽篆一摺內稱初六日行抵揚州向見董椿宣旨革職並派員帶送進京聽候治罪等語所奏殊屬錯謬巴寧阿前在鹽政任內與商人交結各款業經全德參奏前此降旨詢問奇豐額伊係受恩深重之人自應據實查明具奏乃有心徇庇並未劾參直至此時始稱感激愧

悔無地自容已屬無及實為無耻至奇豐額抵揚州後而見董椿傳旨革職時董椿自必向其分訴或以全德所叅巴寧阿與商人交結各款俱係屬實董椿實係徇隱並此外尚有何别項款蹟或以伊曾經查過巴寧阿並無此事竟係全德有心周内情顧與全德質對豈有竟默無一言俯首認罪之理乃奇豐額摺内祇以遵旨革職委員送京聽候治罪朦混具奏而於董椿有何言語及全德所叅巴寧阿各款是虚是實之處並無一字提及則所稱治罪者又治何罪設有人告伊等謀為不軌亦將不辦虚實即治以重辟耶況奇豐額前曾兼署鹽政又係地方官未經查奏其不是已大然猶可藉詞伊在蘇州未能查訪得實今已抵揚州接印即應將全德叅奏各款就近詳查確訪並將此事有無虚實及此外巴寧阿尚有何款蹟一併陳奏庶可稍贖前愆乃僅敷衍虚詞含糊塞責希圖混過實屬糊塗錯謬朕辦理庶務於臣工功過無不核實辦理從不肯稍事慲忓人孰不知今奇豐額於此事似此模棱完事毫無主見自思此事朕所辦肯如此糊塗了局乎則伊在江蘇巡撫任内

應辦地方事務甚多倘皆似此模稜又將何以勝
任耶奇豐額着傳旨嚴行申飭現已派豐伸濟倫
迎赴前途將董椿拏問並令將全德所參巴寧阿
各款是虛是實據實登答仍着奇豐額將伊在揚
州而見董椿時有何言語及全德所參巴寧阿各
款是否尚有不實不盡並因何不將董椿而告之
語於摺內聲叙之處再行明白迴奏若再迴護支
吾不行據實陳奏一經董椿供出恐奇豐額不能
當此重咎也將此由五百里諭令知之仍即速行
迴奏欽此奴才跪讀之下悚惶感懼不能起立伏念
奴才仰蒙
聖恩擢任巡撫凡遇一切公事均應詳細查辦方不
致模稜將就有負
天恩乃於巴寧阿種種劣蹟未能先行查明劾參及
抵揚時又未將董椿認罪情形詳細陳奏糊塗
錯謬一至於此今蒙
聖恩不即立治重罪傳
旨嚴行申飭並令明白迴奏是於無可解免之中猶
曲予
矜全之路奴才愧悔感泣不知所措奴才稍有天良何敢

再蹈顢頇上辜
高厚查奴才遵
旨赴揚於七月初六日巳刻未到揚州之先衆商人
接出數里因見奴才行程迅速恐有牽連事件神
情頗形惶懼奴才傳諭止須明白懂事者二三人
聽候問話當據總商張廣德鮑有恒等稟見奴才
隨即告以
天恩高厚爾等商人無須害怕並作為無意閒詢以
巳鹽政在任有無別項婪索爾等不妨詳細說
知該商等俱以此外實無另款回覆奴才當令傳

知總散各商無須畏懼照常營運去後奴才抵揚
即赴董椿署內傳
旨革職敬將
諭旨給與閱看董椿俯首認罪據稱我實是負
恩還有何辨呪等語是全德所奏非虛董椿無可置
辨情節已屬顯然奴才刻即催令委員押解起程
一面趕緊繕摺於申刻匆遽拜
進以致漏叙情節維時奴才實因捫心自問上年奉
旨兼署鹽政雖在巳寧阿到任之前其未能據實叅
奏則與董椿罪應一律令董椿革職解京奴才蒙

恩未經治罪尚復覥顏摘印五中羞懼主見全無一時糊塗竟未將董椿認罪情形及總商等在途接見曾經面詢各緣由分晰入

奏顛倒昏憒錯謬已極誠如

聖諭奴才應辦地方事務甚多倘皆似此模棱又將何以勝任奴才跪讀之下汗涕交流即自問亦難自觧惟有仰懇

皇上天恩將奴才革職交部從嚴治罪以為遇事顢頇

溺職負

恩者戒所有奴才到揚傳

旨時董椿叩頭認罪自稱負

恩及奴才詢過總商等已寧阿於原奏之外並無別項劣蹟各緣由理合遵

旨由驛據實覆奏伏乞

皇上睿鑒謹

奏

大不知恥無良心人無辭者何矣

乾隆五十九年七月 二十五 日